中國歷史大冒險 ⑤

楚漢相爭

方舒眉　著

馬星原　繪

新雅文化事業有限公司
www.sunya.com.hk

目錄

每回附有：歷史文化知多點

輕輕鬆鬆 閱讀歷史！

中華民族是一個古老的民族；中國歷史上下五千年，堪稱源遠流長。整部民族的歷史，是我們集體的過去，是我們祖先的奮鬥歷程，是我們所以有今天的因果。鑑古知今，繼往開來，不認識自己的民族歷史，猶如無根的植物，是不行的。

讀歷史，要有方法。以漫畫作媒介，以圖像說故事，可以輕輕鬆鬆地閱讀歷史。只要小孩子主動地拿起來看，他就會認識了盤古初開、三皇五帝、夏商周以至唐宋元明清……雖然只是一個梗概，但心中埋下了種子，以後不會對歷史課感到枯燥乏味，這就是我們的目的了。

本系列前稱《歷史大冒險》（中國篇），自 2008 年出版以來，一直深受孩子喜愛。如今重新出版，並豐富其內容：在漫畫底部增設「世界歷史透視」時間線和「中外神話 / 歷史大比照」，讓孩子通過比較中西方發展，以更宏觀的角度學習歷史；每個章回後亦設有「歷史文化知多點」，介紹相關朝代的知識，並設有「想一想」的開放式問題，以培養孩子的獨立思考。希望孩子在輕鬆看漫畫之餘，也能得到更充實的歷史知識。祝各位讀者享受這次歷史之旅！

方舒眉

登場人物

Q 小子
活潑精靈，穿起
戰衣後戰鬥力強。

神龜
本來是遠古海龜，現
與 Q 小子和 A 博士一
起穿梭古代。

A 博士
歷史知識廣博，發明
了「中國歷史大冒
險」的時光網絡。

趙高
秦國丞相，獨攬大權，
逼殺秦二世後立公子子
嬰為秦王。

子嬰
秦朝最後一位君主，設
計謀殺趙高，後來向劉
邦投降。

劉邦

在沛縣起兵反秦，自稱沛公，最終擊敗項羽，建立漢朝。

項羽

自封西楚霸王，與劉邦爭奪天下，後被擊敗，在烏江自刎而亡。

張良

劉邦的謀臣，足智多謀，為劉邦與項羽的對抗出謀劃策。

范增

項羽的謀臣，被尊為「亞父」，主張項羽剷除劉邦。

項伯

項羽的叔父，與張良有交情，在鴻門宴上曾出手相助劉邦。

樊噲

劉邦軍中的將領，曾在鴻門宴上營救劉邦。

蕭何

劉邦的丞相，力勸劉邦重用韓信。

韓信

原是劉邦軍中一個小官，得到蕭何賞識，被劉邦封為大將。

時代簡介

　　自秦始皇死後，丞相趙高弄權，朝政陷入極度混亂，民變爆發，先有陳勝、吳廣在大澤鄉起義，之後天下羣雄並起，六國諸侯宗族紛紛舉旗復國，秦朝最後於公元前 206 年滅亡。

　　紛亂的局勢中出現了兩股強大勢力——項羽和劉邦。他們為爭奪統治權力而進行戰爭，史稱「楚漢相爭」（公元前 206 年至公元前 202 年）。這場戰爭最後以項羽在烏江自刎告終，劉邦的勝利結束了秦末民變以來的分裂局面，漢朝建立，是繼秦朝之後另一個大一統皇朝。

第三十回

子嬰復仇記

秦二世與趙高發生爭執，趙高乘他遷入望夷宮，派人把他殺掉。秦二世為了保命，不惜放棄帝位，但最終也被迫自行了斷。

他糊裏糊塗地當上了皇帝，又糊裏糊塗地喪了命⋯⋯

不必可憐他！

此君應有此報！他在趙高策劃的陰謀下登基，不免有點心虛……

總覺得他的皇兄弟時刻都在覬覦王位。

因此秦二世把12個皇兄弟和10個公主處死，受牽連者更不計其數。

秦二世既愚蠢又兇殘，死有餘辜，只是便宜了那個趙高！

中外歷史大比照 印度的阿育王殺死其兄修斯摩，奪取王位，傳說他更把99名兄弟殺死，以鞏固其政權。

9

各位認為如何？

這個……

趙大人言之有理，正所謂國不可一日無君……

大人才德兼備，不如……

荒唐，荒唐！

我乃秦朝忠臣，豈可做這種叛逆之事?!

可惜先帝之子都已死絕，無人可繼承大統。

這還不是你做的好事？

公元前 207 年

趙高立公子子嬰為秦王

公元前 206 年

羅馬將迦太基人趕出西班牙

父親大人！

你們來了，先坐下吧。

公子子嬰

父親大人，現在國家多難，奸臣當道，你還有心情在此飲酒?!

對呀，父親是帝室之胄*，豈能坐視社稷淪亡？

你們有所不知，賞花飲酒只是為了掩人耳目。

*胄，粵音就，指後代子孫。

我們現在要商議一件極度機密之事！

這裏杳無人煙，肯定不會被人竊聽。

三天前，趙高欲擁立我為秦王，我假裝欣喜若狂……

什麼?!

風雨飄搖，臨危受命，子嬰一定不負重託，誓要重振大秦聲威！

當然，禮尚往來，日後我不會有負趙大人的，嘻嘻……

哈哈，如此甚好！

那就按照祖宗規制，你先齋戒五日，然後舉行登基大典。

是！

趙高這傢伙一向心狠手辣……

為父若不聽從他的安排，肯定立即大禍臨頭！

難道父親只能忍氣吞聲嗎?!

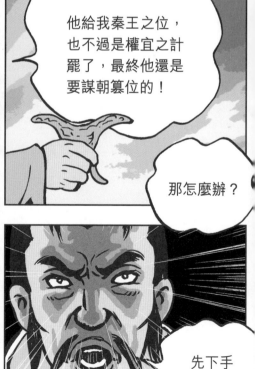

他給我秦王之位，也不過是權宜之計罷了，最終他還是要謀朝篡位的！

那怎麼辦？

先下手為強！

秦室宗廟

公子子嬰怎麼還未來到？

我已派使者去催了！

你們留在這裏，我親自進去請他出來！

啪！

你怎麼還在這裏?!

啊？是趙大人？

今天是公子即位的大日子，朝中大臣都在宗廟恭候，你卻在這裏喝酒，實在太不像話了！

唔，好酒好酒！

趙大人，請你聽我解釋……

還有什麼解釋?!

我遲遲不去，是想你單獨前來，見見我這幾位朋友！

什麼？

?!

21

你……你暗算我?!

武士,還不動手!

嘩!

歷史文化
知多點

秦末爭霸

子嬰的下場

秦二世胡亥被趙高逼殺後，趙高改立子嬰為秦三世。此時，子嬰只是「秦王」而不是「皇帝」，因為當時諸侯並起，六國舊貴族紛紛反秦復國，而劉邦、項羽率領的起義軍也攻佔了一大片秦朝疆域，所以實際上秦朝在那個時候只能算是一個諸侯國而已。

子嬰繼位後，奮力改變形勢，設計誅殺趙高三族，並設法抵禦反秦大軍，可惜已經為時已晚。公元前 206 年，劉邦率大軍兵臨咸陽，子嬰知道大勢已去，只好攜帶玉璽、兵符等物，親自到劉邦軍前投降。這標誌着秦朝的正式滅亡。

子嬰投降後，劉邦沒有殺他，並且很快就退出了咸陽。但約一個月後，項羽進入咸陽並大開殺戒，殺死子嬰及其妻兒宗族，還一把火將秦宮殿燒毀了。

先入關中者為王

陳勝、吳廣在大澤鄉起義後，前六國也乘機反秦復國，其中楚國以楚懷王為領袖，項羽、劉邦名義上都是他的將領。這名領袖名叫熊心，是戰國時代楚懷王的孫子，項羽的叔父項梁為了號召更多人加入反秦軍隊，於是擁立他為起義軍的首領，並讓他沿用其祖父的稱號，後來項羽尊他為楚義帝。

楚懷王曾與諸將約定，先入關中者為王。所謂關中，是指陝西省中部的關中平原，秦朝的首都咸陽也是位於關中。這個約定是指誰先攻入秦國首都，便能被封為王。

項梁在與秦軍的一次戰鬥中被殺，項羽欲為叔父報仇，希望能與劉邦一起進攻關中，但楚懷王卻認為項羽殘暴，並沒有答應他的請求，反而派他前往救援被秦軍圍困的趙國，至於劉邦則向關中進發。

項羽在鉅鹿之戰中大勝，但卻被劉邦搶先一步到達關中。公元前 206 年，劉邦率軍進入關中，秦王子嬰出咸陽城投降。劉邦看到宮內數不清的宮女和一大堆的奇珍異寶，也曾想過要留下來稱王。這時，他的謀臣張良勸道：「你能打敗項羽嗎？」劉邦老實回答：「當然不能。」

在起義軍的諸將中，項羽的兵力是最強的，雖然楚懷王立下了約定，但劉邦明白奪取天下最終還是得靠實力，因此入關後他下令封存府庫，與百姓約法三章，然後退出咸陽，率軍退守灞上。

兩個月後，項羽率領大軍來到函谷關。對於「先入關中者為王」的約定，以及劉邦早於一個多月前進入關中的事實，項羽都一概不認帳。項羽不僅違背與楚懷王的約定，還企圖在鴻門宴上殺害劉邦（見下回）。項羽恃勢凌人，雖然得意於一時，但性格殘暴，反覆失信，最終還是輸掉了江山。

酈食其教訓劉邦

劉邦率領大軍攻打咸陽，到了陳留（今河南省開封市）附近。當地有位足智多謀的奇才名為酈食其，他胸懷抱負，早聞劉邦是位英雄，有大志，希望可以助劉邦一臂之力成就大業，於是請人向劉邦引薦。

劉邦聽聞後，便傳召酈食其。可是，當酈食其來到劉邦的住處，卻看見兩名女子正為他洗腳。酈食其見劉邦如此不懂禮貌，甚為不悅，板起面孔道：「你如果想率領眾將消滅秦朝，就不應該以這樣的態度接見老人家。」

劉邦頓時恍然大悟，趕緊把腳抹乾，站起身，整理好衣冠，必恭必敬地請酈食其上座，並誠懇道歉，聽取指教。後來劉邦採納酈食其的勸降之策，果然成功使陳留縣令投降，順利佔領這座重鎮，增強了自己的實力。

想一想

從酈食其與劉邦會面一事，你能看出劉邦有什麼特質，讓他最終能擊敗項羽？

子嬰這個秦王只做了 46 天，劉邦的軍隊便兵臨城下。

劉邦

咸陽

世界歷史透視

公元前 206 年

秦朝滅亡，楚漢相爭展開

我王以全城百姓
為念，不忍生靈
塗炭，玉石俱焚。
今願投降，懇請
接納！

我王頃刻會
親自向將軍
請降！

哈哈哈

豈有此理，劉邦這臭小子，竟然先我一步進入咸陽！

大王，末將認為，雖然楚懷王*與諸將有約……

誰先進入關中，誰就可稱王……

但眼下我軍兵馬比劉邦多出數倍，此約大可不理呀！

* 楚懷王熊心，又稱為楚義帝，由項羽叔父項梁擁立，並沿襲其祖父楚懷王的稱號，以號召楚人加入反秦的起義軍，爭取民心。

啟稟大王，劉邦派兵守住函谷關，不讓任何人通過！

先鋒探子回報！

哼

劉邦！你太過分了！

34

項羽下令大軍直撲函谷關。
函谷關雖有天險可守，但劉邦守
軍寡不敵眾，很快便被攻破。
　　項羽更不停留，
立即揮軍直指咸陽。

灞上・劉邦大營

中外歷史
大比照

中國的楚漢相爭爆發期間，歐洲的羅馬與迦太基正進行
第二次布匿克戰爭（公元前 218 年至公元前 201 年）。

主公，項羽已率軍到達鴻門……

跟我軍相距不過幾十里路！

項羽有四十萬軍隊，而我軍只有十萬。

張良

唉，當初希望守住函谷關的決定，看來是錯的！

幸好進城後，我聽從你們的勸告，一芥不取，封存秦庫，還軍灞上，不敢稱王。

這樣⋯⋯項羽應該對我放心了吧？

事情若是如此簡單就好了⋯⋯

我擔心函谷關一役着實惹怒了他！

這⋯⋯該如何是好？

嘩！

都説這時光網絡要修理一番！

小失誤而已⋯⋯

張良，這位就是我提過的靈貓大師！

久仰大名

請問大師，目前我該當如何應付？

你且到項羽駐紮的鴻門，向他謝罪便是！

這……不會太危險嗎？

你若猶豫不去，項羽對你的疑心會更大，四十萬大軍就會撲殺過來……

到時候你又如何抵擋得了？

張良與項羽的叔父項伯有交情，於是劉邦請項伯為他向項羽求情，翌日又帶着一百名騎兵前往會見項羽。這次會面，史稱「鴻門宴」。

鴻門·項羽大營

范增

劉邦即將到來，
你認為如何？

劉邦搶先入關中，
欲與大王爭天下，
此次前來……

殺無赦！

*玦，粵音決，古時佩戴之玉器。

哈哈！喝酒喝酒！

糟糕！看來大王心軟，幸好我早有預備……

大王，有貴賓在此，只是喝酒難免沉悶。

不如我叫人上來舞劍助興吧！

傳……項莊！

項莊

這項莊舞起劍來寒光閃閃，劍氣縱橫，有意無意間多番舞近劉邦⋯⋯

項莊這小子在幹什麼？啊，一定是范增指使他刺殺劉邦！

項莊舞劍意在沛公

樊噲*將軍，大事不妙，主公有危險！

張良兄莫慌，我去救他！

喔！

啊！靈貓大師，你來得正好，主公有難了！

唔……是項莊舞劍，意在沛公！

你們是何方神聖？

舞劍？好像很好玩啊！我也要參加！

*噲，粵音快

45

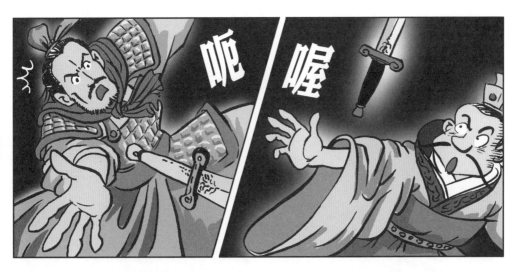

怎麼又有人闖進來?!這個又是誰?

這位是劉邦手下的猛將樊噲。

看他的樣子,你就知道他非常勇猛!

樊噲,你闖入營帳中,究竟想幹什麼?

好一個壯士,賜酒!

小人在營帳外聞得酒香,想向大王討碗酒喝,嘻嘻……

咕嚕

咕嚕

好酒量！

賜肉！壯士請慢用！

夠爽快！尚能陪本王再喝嗎？

哈哈！我連死都不怕，何況喝酒？

謝大王慰勞，不枉我與主公為大王拼命沙場！

趁他們發酒瘋的時候，我們上茅廁吧？

可是，我不急……

不用多說！是靈貓大師叫我提醒你上廁所的！

發生什麼事？狀況有點失控……

主公進入咸陽後，沒動過一草一木，駐軍灞上，等大王到來……

可算是勞苦功高……

但我聽說有小人要加害我主公，這沒天理啊！

借尿遁！明白了嗎？

不辭而別？不太好吧？這會不會惹怒了項羽……

哼！隨地小便？真沒公德心！

不必擔心，張良會處理的了，我們快走！

什麼？劉邦竟然走了?!

是的，我家主公哪有大王健壯神勇？

他喝得醉醺醺的，恐怕失禮，故先回去了……

他命我把這雙白璧獻給大王。

這雙玉斗是送給范軍師的，請笑納！

哼！

開什麼玩笑?!

可恨啊！將來奪取天下的人，必定是劉邦！

經歷了一場劍拔弩張的鴻門宴，劉邦終於化險為夷。項羽意氣風發地進入咸陽，也揭開了長達五年的楚漢相爭……

劉邦和項羽的良臣將相

張良

張良是劉邦身邊一名非常重要的謀士，而他能成為精通兵法的政治家，背後流傳着一個故事。

張良在博浪沙行刺秦始皇的計劃失敗後，逃亡至下邳（邳粵音皮，今江蘇省睢寧縣）。有一天，張良在下邳橋上散步，忽然有一位老人故意將鞋掉到橋下，並喚張良道：「小伙子，替我把鞋取回來！」張良見是老人，便聽從吩咐，下橋把鞋子拾回。老人又伸出腳說：「給我穿上！」張良於是跪下來，給老人穿好鞋。老人含笑道：「孺子可教！五日後的清早，你來這裏見我吧。」

張良好奇，於是五日後前往赴約，到達時老人已在橋上，他責備道：「你遲到了，五日後再來！」五日後，張良在雞啼時就趕去，但還是遲到了，老人又斥責他，並再推遲五日見面。這次，張良半夜便迎着寒風來到橋上，不久老人來了，十分滿意，贈給他一冊《太公兵法》，說：「你認真讀此書，便可成為帝王之師。」張良拜謝，之後日夜攻讀，終於學有所成，輔助劉邦。

樊噲

　　劉邦身邊人才濟濟，盛傳有張良在身旁，劉邦就有了腦子；有樊噲在身旁，劉邦就壯了膽子。

　　樊噲是劉邦的同鄉，曾以屠狗為生，在家鄉沛縣是出名的屠狗大師傅。後來，他追隨劉邦起義反秦，作戰非常勇猛，斬敵首極多，攻城時又常常先登上，身手十分矯捷。

　　鴻門宴的時候，樊噲為了保護劉邦，衝入項羽的營帳中。項羽見到他，惺惺相惜，也對他另眼相看。據《史記》記載，雖然樊噲身處敵營，但仍毫不畏懼地質問項羽：「沛公雖然先破秦入咸陽，但絲毫不敢造次，封閉宮室，撤回灞上，等候大王前來。如此勞苦功高，不但未有得到獎賞，反而聽說大王欲加罪於沛公，這豈非比秦朝更暴虐嗎？」

　　這番說話讓項羽無言以對，解救了劉邦。後來劉邦正在猶疑是否應該不辭而別時，樊噲馬上勸道：「做大事的人應該不拘小節，現在人為刀俎，我為魚肉，還要去告辭嗎？」劉邦最後得以從鴻門宴中脫身，樊噲實在功不可沒。

項伯

　　項伯是項羽的叔父，雖然他與項羽有血緣關係，但卻多次幫助劉邦。項伯與劉邦其實沒有什麼交情，但因為張良曾經救了他一命，因此項伯一直希望報答張良。

　　劉邦先入咸陽後，范增欲勸説項羽先下手為強，趁劉邦還未成為一大威脅前把他剷除。項伯知道後，便去通知張良，想讓他快點離開劉邦。

　　張良認為在這種危急關頭卻一走了之，是對劉邦不義，堅持要把項伯的説話轉告劉邦，並安排劉邦和項伯見面，請求項伯的幫忙。劉邦於是設宴款待項伯，向他説自己不敢與項羽對抗，請求他在項羽面前解釋，又提出與項伯結為姻親。項伯答應，回去後勸説項羽不應對付劉邦，這動搖了項羽在鴻門宴上刺殺劉邦的決心。

　　後來，劉邦被項羽封為漢王，只得到巴蜀之地。他又暗中賄賂項伯，得到了漢中，增加了日後與項羽爭奪天下的籌碼。

范增

　　范增可説是項羽身邊的首席謀士，項羽尊稱他為「亞父」（即僅次於父親的意思），可見其地位尊崇。范增雖然年事已高，但足智多謀，為項梁和項羽出謀劃策，例如提議擁立楚懷王熊心為領袖，以籠絡民心，使他們成為了秦末起義領袖之中聲勢最強的大將。

　　此外，范增洞悉力強，他知道劉邦本來是個既貪財又好色的人，但進咸陽後卻全無惡行，又與百姓約法三章，推測劉邦有更大的志向，勸項羽及早斬草除根。劉邦最後成功從鴻門宴中逃脱，范增激動地責備項羽，認為日後奪取項羽天下的人必定是劉邦，而這番説話最終也應驗了。

　　在《史記‧項羽本紀》中，司馬遷記載了劉邦總結項羽的失敗：「項羽得到范增，卻沒有好好用他，這就是項羽敗給我的原因。」

想一想

你認為要當一個好領袖，個人的才華與懂得知人善任哪項較重要呢？

第三十二回

西楚霸王

還哭？項羽來啦！

當然啊！

真可憐，連小孩聽到項羽的名字也嚇破膽呢！

項羽進咸陽城後便大開殺戒，把已投降的秦王子嬰以及官員、貴族八百多人全部處死。項羽作風真是殘暴不仁……

噢！對了，我們快去阿房宮逛逛。

快！

這麼急幹什麼啊？

為什麼呀？

我聽說過，阿房宮是個超級豪華的宮殿呢！

項羽快要火燒阿房宮啊，遲了便沒有機會欣賞啦！

夜壺，乃晚間男士在牀上尿尿之器物也。

富有的皇室貴族，其夜壺往往是金的銀的，打造得非常豪華。有些夜壺會製成老虎的形狀，故名「虎子」。

你們究竟是什麼人？秦朝餘孽嗎？

發現漏網之魚了，快去抓住他們！

踏 踏 踏

喂，有事不能慢慢説的嗎？

滴答！

只用了三秒，
又進步了！

嘻嘻

嘎 嘎

啊！

呃……
大……
大王！

什麼？有兩隻妖貓和一隻妖龜在阿房宮生事?!

大王，請讓部下前去收拾他們！

笨蛋！你以為這幾隻妖怪容易對付的嗎？

嘿嘿……我自有妙計！

啟稟大王，末將
已派人將阿房宮
重重包圍！

好極！點
火吧！

項羽進入咸陽後，放火燒毀秦朝
宮殿，大火整整燒了三個月，相傳阿
房宮這座中國史上蔚為奇觀的偉大建
築，竟也被燒得乾乾淨淨……

中外歷史
大比照

波斯波利斯是波斯人阿契美尼德王朝的國都，公元前
330 年亞歷山大大帝擊敗波斯人後，把該地的宮殿焚毀。

哈哈，一把火燒了秦王的狗窩……

更順道收拾了貓妖龜妖，真是一舉兩得！

升格為「帝」，不錯呢！

呵呵，這是「升上神枱」呀！

幸好我們有時光網絡，否則會變成烤肉啊！

那項羽真是過分！

他還謀朝篡位呢！

項羽自封為西楚霸王，建都彭城……

並將楚懷王尊為「義帝」……

　　項羽「建議」義帝遷往長沙，在項羽的威逼之下，義帝不得不從，於是淒涼惶恐地上路去了。

馬車內竟
是空的？
那麼義帝
在哪裏？

笨蛋！義帝在這裏呀！

早預料到你們會用暗殺手段。

哼！竟然扮作普通士兵……這貓面的又是誰？

我只要義帝的命！不想死的就退下！

別説廢話啦，就憑你一個人？

不堪一擊！

知道我的
厲害沒有？

歷史文化知多點

西楚霸王的事跡

少年項羽

項羽年少時不愛讀書，擊劍也不肯好好地學。叔父項梁很生氣，項羽於是對他說：「學寫字，只要能寫姓名就足夠了；擊劍只能對付一個人，也沒有什麼意思。我要學抵禦萬人的本領！」項梁於是教他兵法，但他只學了一點，略懂大意而已。

秦始皇在世時，曾出巡至會稽郡，並渡過錢塘江，當時項羽與項梁一起觀賞巡遊，項羽看着隊伍說：「我可以取而代之！」項梁聽到這句會引來殺身之禍的說話，嚇得連忙掩着項羽的嘴巴，但同時亦對項羽胸懷抱負而另眼相看。

除了膽色過人外，項羽的身材魁梧，力氣很大，甚至能把幾百斤重的鼎舉起來。據《史記·項羽本紀》記載，項羽曾寫有一詩，形容自己「力拔山兮氣蓋世」，故從這詩句中引生出成語「拔山舉鼎」，意思為力強氣壯。

火燒阿房宮的真相

阿房宮是中國歷史上著名的宏偉宮殿，建於秦始皇三十五年（公元前 212 年）。秦始皇統一六國後，咸陽成為全國的政治、經濟和文化中心，他覺得原來在渭河北岸的咸陽城宮殿太狹小，於是決定在渭水南岸修建新的阿房宮。

傳説阿房宮是中國古代最大的宮殿，《史記》記載這座宮殿可容納 1 萬人。相傳阿房宮的大門是用磁石所做，如果有人暗藏兵器進入殿中，就會被磁石門吸住，這樣便能避免像「荊軻刺秦王」的事件再次發生。

興建阿房宮需要龐大的人力物力，由於建築工程浩大，因此直至秦朝滅亡後仍未完全竣工，但後世的人想像當時阿房宮華麗的模樣，並寫詩作賦，讚頌阿房宮巍峨壯麗的氣勢，例如唐朝詩人杜牧便著有《阿房宮賦》，裏面有這樣的形容：「阿房宮佔地三百多里，高聳的樓閣遮天蔽日，從驪山北面一直延伸至咸陽，河川流入宮牆，五步一棟高樓，十步一座殿閣，長廊像腰帶般迂迴，簷角像鳥嘴般伸向高處，樓閣順着地勢起伏而建，互相鈎連呼應。」

可惜這座前所未見的偉大建築，未能留存在世間。項羽對秦朝深惡痛絕，因此在他入關後，放火把咸陽城燒掉，這場火燒了三個月，眾多秦宮殿焚毀，後世一直認為阿房宮亦包括在內。

不過，近年的考古研究發現，歷史上有關項羽放火燒毀阿房宮的記載屬於誤傳。考古學家在阿房宮遺址上勘察，只發現了很少紅燒土，如果阿房宮是被燒毀，那裏應該會留下大量的紅燒土和草木灰。因此有人認為，項羽所燒的宮殿，是位於渭水北岸的咸陽宮。

那麼阿房宮這一座如此宏偉的宮殿，又為何會毀壞呢？有考古學家推測，阿房宮的主體由始至終未建好，可能只是打好了基礎，但宮殿沒有完全蓋好，這樣的話就不存在阿房宮被毀的問題了。

穿上衣冠的猴子？

項羽進入關中後，他身邊的謀士韓生勸説他留在關中，在咸陽建都，因為關中土地肥沃，而且具地理優勢，易守難攻，自古以來就是兵家必爭之地，若建都於此，必能成就霸業。

可是項羽剛把咸陽的秦宮殿燒毀，城內一片破敗狼藉，而他又懷着回家鄉的心思，想向江東父老炫耀自己的成就，於是説道：「如果一個人富貴後卻不回到家鄉，就像穿着華麗的衣服在黑夜中行走，又有誰會知道呢？」這就是成語「衣錦還鄉」和「錦衣夜行」的由來。

韓生見項羽不聽勸告，十分失望，暗中批評道：「別人説楚人是穿上衣冠的猴子，果然沒錯！」韓生認為項羽目光短淺，虛有其表，就像猴子穿上衣冠裝扮為人一樣。

如此敢言的韓生後來下場如何？項羽聽説這番話後，不滿韓生嘲諷他，於是把韓生烹殺了。

想一想

從項羽的事跡來看，你認為他的性格有什麼弱點，讓他最後敗給劉邦？

第二十三回
韓信拜將

項羽實在欺人太甚！只封我為漢王，看管那小小的巴蜀之地！

巴蜀之地?!有道是蜀道難，難於登天*……

我樊噲跟項羽他拼了！

等一等！

我暗中託項伯游說楚霸王，他同意加封漢中之地予漢王。

可是項羽仍佔地九郡，自封霸王……

* 此句出自唐代詩人李白所著《蜀道難》中的一句：「蜀道之難難於上青天」，形容陝西入四川的棧道艱險難行。

84

劉邦在萬般無奈下接受加封,他率大軍離開灞上,進入封地。但山路崎嶇,盡是懸崖峭壁,行軍極為艱辛……

唉!這是個什麼鬼地方啊?

不知此生能否回鄉,慘了!

太幸運了！

什麼？

A博士的時光網絡經常出錯，這次能夠正確降落，實在要殺雞還神呢！

如果降落失誤，我們還有命嗎？

這叫「棧道」，是一種沿着懸崖峭壁來修建的道路。

棧道的主要建築形式是在山壁上插入木樑，再鋪上木或土石而成。

別說了，我們快追上劉邦吧！

對呀！

中外歷史
大比照

為了方便調動軍隊，羅馬人很重視修築道路，他們的道路主要由石頭鋪成，十分筆直平坦。

87

這是天意！

我們入蜀之後，就要把它當作自己的故鄉，兢兢業業地苦心經營。

棧道沒有了，正好讓大家死心，好好地在蜀地過日子！

張良，此番入蜀，你有何提議？

依我分析，項羽仍然視漢王為一大威脅，因此必須減低他的警覺性。

此外，若部下思鄉，就不能落地生根，所以我認為⋯⋯

大軍過後，就派人火燒棧道，以示不再逐鹿中原！

89

張良真是滿肚子計謀啊！

日後更有人循着此一思路，發展出「明修棧道，暗渡陳倉」之計。

誰提出了這樣的好計謀？

「韓信將兵，多多益善」的韓信！

説説他的故事吧！

韓信，淮陰人。幼年失父，少時亡母，家貧如洗，三餐不繼，但他壯志凌雲……

我是看你可憐，才分些飯菜給你，哪是貪圖你日後什麼報答?!

後來，韓信衣錦榮歸，倒真的沒有忘記報恩。

大娘，這千兩黃金，是我報答你當年一飯之恩的心意呀!

這就是成語「一飯千金」的由來。

曾經使韓信受「胯下之辱」的傢伙，他又怎樣對付？

什麼「胯下之辱」？

據《史記》記載，曾有一名屠夫侮辱韓信，說：「你人高馬大，又帶着劍，但其實膽小得很。你若是不怕死的話就殺了我，否則要從我的褲襠下穿過去！」

韓信想：「我還有大事要做，小不忍則亂大謀。」於是就屈膝在屠夫的褲襠下鑽過去了。這就是「胯下之辱」的由來。

不久，韓信參加抗秦義軍，曾當項羽的部下，因不受重用而轉投劉邦，但他在漢營裏只當了個管軍糧的小官，仍未能盡展所長。

韓信意興闌珊，某夜終於脫下官服，失望而去……

劉邦的丞相蕭何賞識韓信，立刻就去追他，勸服他留下。這就是「蕭何月下追韓信」的故事。

他的故事真多！

三天後，蕭何把韓信帶回來了，劉邦大惑不解⋯⋯

你怎麼親自去追那個無名小卒呢？

韓信此人，非一般將領之才！

蕭何

大王若只欲漢中稱王，自然用不着韓信⋯⋯

但若想爭天下，非重用韓信不可！

啊！靈貓大師？別來無恙嗎？

我們來做觀禮嘉賓啊！

還有，要看看你們如何「明修棧道，暗度陳倉」！

韓信執掌帥印之後，天天指揮將士勤加操練，為「先取關中，後奪天下」作好準備。

楚漢雙雄，勢難並立。這一戰，將由韓信掀起序幕！

歷史文化知多點

名將韓信的事跡

慧眼識人

　　韓信是中國歷史上著名的將軍，善於用兵，但他最初只是一個鬱鬱不得志的無名小卒，最終能夠得到劉邦賞識，拜為大將，除了歸功於蕭何月下追韓信外，還得有夏侯嬰把韓信從死門關拉回來。

　　韓信最初跟隨項羽，曾多次向他出謀獻計，但都沒有被項羽採納。韓信眼見自己未能發揮所長，於是毅然轉投劉邦，不過仍未能得到重用，只是當了一個管理倉庫的小官。有一次，韓信因涉嫌觸犯軍法，判處斬首，在他臨刑前的千鈞一髮之際，他看見劉邦的重臣夏侯嬰，於是便對着他叫道：「漢王不是想要取得天下嗎？為何要斬壯士呢？」

　　夏侯嬰對韓信這番話感到詫異，見他膽色過人，於是便把他放了，並向劉邦推薦韓信。雖然當時劉邦只是給他一個治粟都尉的官職，但後來在蕭何極力陳言下，劉邦終於重用韓信。韓信頭頭是道地分析當時形勢，劉邦聽後非常高興，認為自己太遲知道韓信的才能，馬上按照他的計策準備出擊。

明修棧道，暗度陳倉

劉邦率領士兵前往封地，張良火燒沿途的棧道，為何此舉能讓項羽放下對劉邦的戒心？這是因為棧道一燒，漢軍難以重返關中。

唐代詩人李白寫有一首《蜀道難》，詩中寫道：「蜀道之難難於上青天」，可見此路極其險惡難行。蜀道是古代連接關中和漢中的道路，由於地勢險要，危崖聳立，因此道路主要是建在懸崖峭壁上的棧道。張良將通往關中的棧道燒毀，以示劉邦不會重返關中與項羽爭霸。

劉邦在漢中養精蓄銳後，便準備攻打關中的「三秦王」——雍王章邯、翟王董翳和塞王司馬欣，他們都是項羽安排在關中防範劉備的諸侯。但棧道燒了，漢軍如何出擊呢？韓信便派少量士兵重修棧道，以擾亂敵人視線，暗中卻率領大軍抄小路進攻陳倉，成功殺敵人一個措手不及。

雖然史書中並沒有提及明修棧道的事情，但這個故事流傳後世甚廣，暗度陳倉更是兵法三十六計的其中一計呢！

智擺背水陣

韓信被劉邦拜為大將後，先攻佔了魏國和代國，接着帶了幾萬兵馬攻打趙國，趙國在井陘口聚集二十萬大軍阻擋。

韓信率軍在離井陘口三十里之處紮營。半夜，他派出兩千名輕騎兵，各執一面漢軍軍旗，前往趙軍大營的後方，欲待趙軍出擊後，把敵營的軍旗都換上漢軍的旗幟。為了讓趙軍傾巢而出，韓信派一萬名士兵擺出兵法上最忌諱的背水之陣，趙軍看見後都哈哈大笑，以為漢軍自斷後路。

天亮後，韓信指揮漢軍向井陘口進攻，趙軍立即迎擊。韓信詐敗，且戰且退，直退到水邊陣地，再也無法後退，於是拼死反擊。這時，隱藏在趙營後的兩千漢兵，趁趙營防守薄弱，衝了進去，殲敵後馬上拔掉趙軍旗幟，換上漢軍軍旗。

在水邊作戰的趙兵遇到漢兵頑強抵抗，無法取勝，想返回營地的時候，只見趙營全是漢軍軍旗，頓時軍心大亂，各自逃命。最後，漢軍兩面夾擊，趙軍大敗，井陘之戰成為中國歷史上著名的以少勝多的戰役。

韓信將兵，多多益善

韓信是劉邦的大將，立下不少汗馬功勞，可惜功高蓋主一向是為人臣子的大忌，因此當劉邦取得天下後，對韓信越來越猜忌，後來更把他軟禁在京城。

有一次，劉邦與韓信討論各將領的能力，他問韓信：「依你看來，像我這樣的人能夠統領多少兵馬？」韓信回答：「陛下能統領十萬名士兵罷了。」劉邦又問：「那麼你呢？」韓信毫不客氣道：「臣嘛，當然是多多益善，越多越好。」

劉邦繼續笑道：「你既然如此善於帶兵，又怎麼會臣服於我呢？」韓信說：「陛下帶兵的能力雖不如我，但你有駕馭將領的能力啊！這就是我臣服於你的原因。而且陛下是天命所授，非人力可比擬。」

這段對話充分反映了韓信的機智，輕鬆化解了劉邦的疑心。可是，劉邦的妻子呂雉對韓信始終不放心，最終設計殺害了韓信。

想一想

如果你是劉邦，你會擔心立下眾多軍功的韓信會謀反嗎？

第二十四回

關中爭霸

唔……

關中

楚霸王命我們鎮守關中，小心防範劉邦，未免過慮了。

雍王章邯

塞王司馬欣

翟王董翳

對！劉邦其實是個膽小鬼！

探子回報！

屬下親眼所見，漢軍正在修葺棧道，似是要重回關中。

哦？有多少人在哪兒？

約有一百人。

哈哈

那要修到何年何月呢？真是裝模作樣的膽小鬼！

乾杯！

不醉無歸，哈哈哈！

韓信表面上派兵重修棧道，實際上卻已率領漢軍主力，抄小路襲擊陳倉。

這時章邯等人仍懵然不知……

中外歷史大比照 ▶ 在第二次布匿克戰爭中，迦太基主帥漢尼拔率領軍隊穿過阿爾卑斯山，對羅馬進行突襲，使羅馬軍隊陷於苦戰。

另一方面，項羽正欲率軍出征，
擺平齊國的叛亂⋯⋯

啟稟大
王！

有關中的
緊急軍情
報告！

劉邦明修棧道，
暗度陳倉，向我
軍突襲⋯⋯

關中已經
失守了！

劉邦呀
劉邦！

待我擺平了齊國
再來收拾你！

楚軍伐齊，並未如項羽當初所料般容易，結果被迫與齊軍打拉鋸戰。

另一方面，劉邦麾下的韓信大軍則勢如破竹，過關斬將。

韓信大軍直抵楚都彭城。

彭城

楚軍速速投降吧！

樊噲

有我守將在此，竟敢大言不慚！

彭城守將被殺後，楚軍士氣大挫，漢軍展開攻城戰。

楚軍大敗後棄城而逃。

救命！ 快逃！

現在宣布……

彭城已是我們漢軍的佔領地！

勝利！ 萬歲！

項羽帶領三萬精銳鐵騎，
日夜兼程趕回彭城。

什麼？劉邦
軍隊已攻入
彭城？

我要將劉邦
那小子煎皮
拆骨！

殺！

世界歷史
透視

公元前 205 年

彭城之戰

殺！

衝呀！

此一戰役，劉邦不敵項羽……

這樣説來，還是項羽厲害，那為何劉邦最後會得天下？

武功高，善戰，只是匹夫之勇；而帶領軍隊連番出戰，要講謀略，還要懂得用人啊！

公元前 204 年

埃及托勒密五世即位 / 滎陽之戰

這一戰，項羽成功奪回彭城，劉邦率領殘部退守滎陽。漢軍雖敗，但陣腳未亂，劉邦聽從張良「以攻為守」之策，命韓信往北進攻魏、趙諸國，再命名將彭越南進，截斷項羽糧道。

項羽當然不會就此放過劉邦，楚軍很快就追擊而來，將滎陽團團圍住。

滎陽

項羽想置我於死地才甘心！

主公，滎陽守不住的了……

噢！

咦？靈貓大師，又是你們？

我們知道你有困難，所以來教你如何逃走呢！

請問有何妙計？

首先，你這個漢王不要做了，由Q小子來當吧！

嘻嘻……

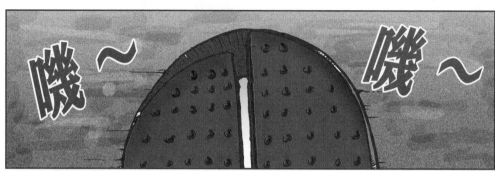

嘰～　　嘰～

劉邦想突圍逃走！

嘿嘿，你逃不了的，我項羽發誓，一定要親自把你碎屍萬段！

項羽窮追不捨，很快就追上了劉邦的突圍隊伍。

嘻！變身之後動作不夠快！現在可以再打了！

不打了，不打了！

算你贏！

我只是不明白，你們為何一定要站在劉邦那邊？

你若助我，我可給出比漢王好十倍的條件！

不！不！

你根本不明白，這跟利益無關，而是你太殘暴不仁！

你在鉅鹿之戰一役，將二十萬投降的秦兵坑殺，實在太殘忍了！

你不想打，我就失陪了，再見！

劉邦突圍至成皋*，項羽窮追不捨，將成皋圍得水洩不通。

項羽馬上命人攻城。不久，楚軍終於打開城樓缺口，一舉攻陷成皋。

*皋，粵音高

123

不過，劉邦還是逃脫了，漢軍渡過城外的汜水*，在對岸紮營。

氣死人了！劉邦這小子竟如此難對付！

啟稟大王！

又有什麼事?!

齊國遭韓信猛攻，請大王派兵前往解圍⋯⋯

沒別的事了吧？

還有，彭越切斷了我軍糧草補給⋯⋯

*汜，粵音似

124

盛怒的項羽，吩咐手下守住成皋，派援軍救齊，又風塵僕僕地趕去跟彭越作戰。

楚霸王無疑武功蓋世，萬夫莫敵，但他剛愎自用，而且暴戾多疑，故此手下有才之士都離他而去。

項羽遇上知人善任又深懂謀略的劉邦，彷彿以一敵眾，處於十分被動的位置，被折騰得疲於奔命。

當項羽從彭越手中奪回土地，忽然又聞成皋失守，再度落入劉邦手中。項羽氣得七竅生煙，又匆匆率軍急奔成皋。

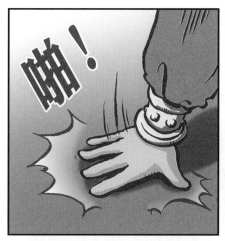

竟然射不死他？為何他這樣好運?!

沒道理！莫非當中有詐？

主公！你的傷其實是在胸口！

對外說被射中腳趾，只是不想動搖軍心嗎？

既然如此，主公必須再做一場戲……

哦？

報告！韓信已在齊國大敗我軍！

踏
踏

探子回報：劉邦正在巡視軍營，顯然箭傷已無大礙⋯⋯

唔……

大王，又有緊急軍報！

彭越又截斷我軍糧道，存糧不足，難以打持久戰……

項羽正在進退兩難之際，劉邦派出使者求和，項羽同意。

他們以鴻溝為界，鴻溝以東歸楚，以西歸漢，以息干戈。

原來這就是楚河漢界！

從此天下太平了嗎？

哪有這麼容易呢？

中外歷史大比照　羅馬在札馬戰役中擊敗迦太基，結束第二次布匿克戰爭，它們簽訂的和約促成了兩國之間約半個世紀的和平。

歷史文化知多點

楚漢相爭的小故事

蕭何釋漢王疑心

蕭何與劉邦同樣是沛縣人，曾出任沛縣主吏，後來追隨劉邦起義，被拜為丞相，是協助劉邦勝出楚漢相爭的關鍵人物。

劉邦率大軍在滎陽與項羽交戰，蕭何留守關中，治理郡縣，籌集糧草，為前線補充兵力和糧餉，使項羽無法輕易擊破劉邦。然而，在這戰火紛飛的緊張日子裏，劉邦竟十分念掛留在後方的蕭何，多次派人到來慰問他，蕭何對此困惑不解。

有個名叫鮑生的人得知此事後，對蕭何説：「漢王在前線行軍打仗，風餐露宿，卻頻繁地派使者來慰問你，無非是怕你懷有二心啊！只要你派自己的兄弟兒子到漢王麾下服役打仗，必定能取得漢王的信任。」蕭何頓悟，於是依照鮑生的説話去做，劉邦果然大為喜悦，對蕭何信任有加。

爭天下的代價

劉邦率兵行軍打仗，沒有把家人帶在身邊，但他的家人亦少不免蒙受災難。當項羽在彭城大破漢軍的時候，呂雉和劉邦的父親被俘。劉邦也顧不上把他們救出，倉皇逃走，在途中遇到自己的兒子和女兒，於是帶着他們一起逃跑。可是，楚軍緊追不捨，劉邦見形勢危急，把子女推下車，幸得夏侯嬰把二人救起。

後來，劉邦攻佔成皋，項羽知道後馬上帶兵救援。為了迫使劉邦投降，項羽把劉邦的父親帶到廣武山上要脅他，表示如果他不投降，便會把他的父親投入鍋中煮殺。劉邦對他說：「當日我們受命於楚懷王，共同反秦，結為兄弟，我的父親即是你的父親，如果你要煮我的父親，別忘了分我一杯羹！」

項羽聽後非常憤怒，決定殺掉劉邦的父親，曾在鴻門宴上幫助劉邦的項伯此時勸道：「爭奪天下的人不顧家庭，你把人質殺了，有害無益啊！」項羽覺得有理，下令把人質嚴加看守。後來項羽和劉邦達成鴻溝和約，才把他的家人放回。

機智小童救了一城人

　　楚漢交戰，有一次，劉邦部下彭越率漢軍攻佔了項羽的地盤外黃縣。項羽知道後，立即帶兵來救，包圍了縣城。漢軍目睹楚軍人多勢眾，不敢出城硬拼，唯有緊閉城門死守。

　　項羽接連攻城多天，損失了不少兵馬才攻進城去，但卻捉不到漢軍一兵一卒。項羽將縣令抓起來盤問，縣令說：「大王攻破西城之時，漢軍已從東門逃了！」項羽暴跳如雷道：「好啊！我攻城，你們不幫助我；破城了，卻協助賊軍逃走！來人，將全城十五歲以上的男丁全部處死！」

　　消息傳出，全城驚恐萬分。這時一個十三歲的男童來見項羽，說：「大王聰明，怎麼一時糊塗了？當初，彭越軍隊兵強馬壯，我們想抵抗也抵抗不了。我們心向大王，等大王來救啊！現在大王卻想把我們殺掉，天下的人又怎會願意歸附大王呢？請大王三思！」項羽聽後，說：「說得好！快傳令，本城所有人等一律免罪！」男童憑着勇敢和機智，救了一城人性命。

楚河漢界

在中國象棋的棋盤上，中間畫上了一條大河，通常上面寫有「楚河漢界」四字，這正是出自楚漢相爭中劉邦與項羽立下的和約。

楚河漢界的地點是在鴻溝。當時劉邦緊守成皋，項羽無法攻破，又被彭越截斷糧道，兵乏糧缺，在逼不得已的情況下只好與劉邦議和，提出「中分天下，割鴻溝以西者為漢，鴻溝而東者為楚」，這就形成了歷史上著名的楚河漢界。後人也以楚河漢界為成語，比喻敵對雙方的界限。

在現今河南省滎陽城東北的廣武山上，有兩座古城遺址，東面的是霸王城，西面的是漢王城。兩城遙相對望，讓人感受到當時項羽和劉邦對壘時的氣勢。

想一想

從以上的故事來看，你認為劉邦和項羽的為人怎樣？他們的性格對楚漢相爭的結果有什麼影響？

第二十五回

烏江自刎

和約已訂，我們回關中休養生息去吧！

不可！項羽兵疲糧盡，宜一舉殲滅！

張良

蕭何

養虎遺患，望主公三思！

於是，「鴻溝為界」訂立了不足兩個月，劉邦便一手撕毀和約，由受封為齊王的韓信統領三十萬將士追擊項羽。

137

嗆！

霸王武功果然名不虛傳！

禮尚往來，看招！

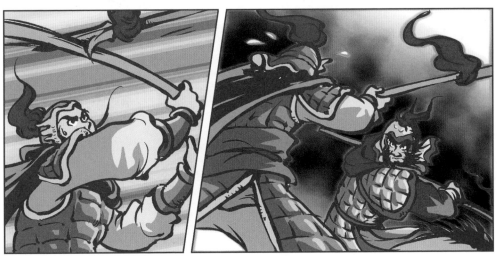

下回再向你請教！

韓信且戰且走，把楚軍引至垓下。

漢軍預早設下十面埋伏，把楚軍重重包圍了起來。

楚軍唯有退入垓下，暫時圖個安定。

這夜，軍營四面傳來了勾起士兵思鄉念親的楚歌⋯⋯

娘親⋯⋯孩兒好掛念你啊⋯⋯

何時能見楚中月……

項羽聽到楚歌，也低聲飲泣，想到了此刻兵敗如山倒，不知在劣勢中如何能與劉邦決一死戰……

唉，他們都隨我征戰多年……

大王，許多士兵聽了楚歌，動搖了作戰情緒，都偷偷溜走了……

古希臘人會以音樂激勵軍隊士氣，吹奏長笛的樂手會陪
同軍隊出征。

我們常用「四面楚歌」來形容四面受敵、陷於孤立無援的困境……

這成語就是出自「垓下之戰」的楚霸王身上。

快！此時不走，就沒機會了！

虞姬

大王！

虞姬？你還在這裏幹什麼？

走啊！你為什麼不走？跟大家一起走啊！

世界歷史透視

垓下歌　項羽

力拔山兮氣蓋世，
時不利兮騅不逝。
騅不逝兮可奈何，
虞兮虞兮奈若何！

虞姬自刎身亡，項羽悲痛莫名，
不由得灑下英雄淚。

這天夜裏，項羽收起悲痛，趁月黑風高，
率八百親兵突圍，向南面飛奔而去。

數番激戰之後，項羽終於擺脫追兵渡過淮河，只是當初的八百兵馬只剩下一百多人……

這位大叔……

請問要離開此處，該走哪一條路？

哼！你這不可一世的霸王，今天可栽到我手上來啦！

謝謝！

糟糕！是沼澤地！

回去！原路退回！

經過一番折騰，漢軍又追了上來，一場血戰之後，楚軍逃到東城。此時項羽點算人馬，只剩下二十八騎，而追兵卻有數千之眾。

又一輪衝殺後，漢軍傷亡嚴重，而項羽只折損了二人。

怎麼樣？

大王勇武！

項羽一行人來到了烏江邊，烏江亭長移船靠岸，力勸項羽上船回江東去。

江東雖小，尚有地方千里，人口十萬……

大王仍可為王！

唉，當日我率八千江東子弟渡江打天下，今天只得我和殘兵餘勇回去，我哪有面目見江東父老？

中外歷史大比照 第二次布匿克戰爭後，羅馬人要求把漢尼拔引渡到羅馬受審，他不願意落入羅馬人手中，最後選擇服毒自盡。

兄弟們，我們再入敵陣，短兵相接，衝殺他一回，好不好？

來！

據史書記載，這一戰，單是項羽一人就斬殺了漢軍數百人，可見楚霸王之勇猛。

然而，最後他的親兵也全軍覆沒。英雄末路，項羽對着敵將說：「劉邦懸賞千金買我的腦袋，我就送給你做個人情吧！」說完，他就揮劍自刎，結束了轟轟烈烈的一生。

項羽失敗的原因

陳平倒戈

　　陳平曾是項羽手下的謀士，以謀略見長。劉邦攻下殷地後，項羽大怒，陳平是之前平定殷地的將領，他害怕項羽會遷怒於自己，於是前往投奔劉邦。

　　劉邦很重用陳平，漢軍一些將領十分妒忌他，於是他們向劉邦進讒言，誣陷陳平與嫂子私通，又收受賄賂，私德有虧。劉邦聽了之後，召來當初舉薦陳平的魏無知來了解情況。魏無知説：「我注重的是能力，陛下注重的是品行。我推薦陳平，是因為他的計謀能夠幫助我們戰勝楚國而已！」

　　劉邦又召來陳平，問：「你先後服務魏、楚兩國，現在又來投靠我，我怎麼能相信你呢？」陳平回答：「當初魏王不採納我獻上的計謀，所以我才會去投奔楚王；楚王亦不信任身邊的人，重用的都是他的親友，所以我離開了他。聽説漢王善於用人，所以來投奔你了。」劉邦聽後，向陳平道歉，給他封厚的賞賜。

離間計

　　劉邦向陳平請教平定天下的計策，陳平獻上了離間計，讓劉邦拿出黃金收買奸細，在楚軍中散播楚國將領不忠於項羽的流言。

　　項羽果然開始懷疑，派使者到漢軍打探。劉邦見到使者，假裝驚訝説：「我以為是范增的使者來了，原來是楚王的使者啊！」原本給使者準備的牛、豬、羊等美食，馬上被換上次一等的食物。使者回去後將這件事報告項羽，項羽懷疑范增與劉邦暗中勾結，對他起了疑心。

　　這時，范增希望項羽能儘快攻打滎陽城，但項羽已不肯聽從他的説話了。范增知道項羽對他有所懷疑，十分生氣，説：「天下大局已定了，大王你好自為之吧！請你讓我這副老骨頭回鄉吧！」

　　結果范增在回鄉途中病逝了，項羽缺少了能幹的軍師，在楚漢戰爭中不敵劉邦。由此可見，劉邦能信任他的臣子，不計較他們的過去，最後在他們的幫助下統一了天下；項羽則不肯信任自己的臣子，落得兵敗自殺的下場。

司馬遷對項羽的評價

司馬遷是西漢時期的歷史學家，他所著的《史記》記載了上自黃帝，下至西漢漢武帝時期的史事，是中國一部非常重要的史書。《史記》中記載帝王事跡的部分稱為「本紀」，一般只有皇朝的帝王才會列入本紀之中，但是司馬遷卻把項羽的事跡也編寫為《項羽本紀》。

秦滅亡後，項羽雖然自封為西楚霸王，但當時羣雄爭霸，項羽並沒有建立一個大一統的皇朝。有人認為司馬遷這樣編寫，是因為項羽在秦、漢兩朝交替期間確是天下共主，地位相當於皇帝；另一方面有人認為司馬遷是對項羽這位失敗的蓋世豪傑展現出欣賞和同情。

雖然司馬遷在《項羽本紀》中肯定了項羽的勇猛和功績，認為他是難得一見的英雄人物，但同時也批評項羽的驕傲殘暴，不善用人，而且不願意反省自己的過失，指出了項羽最終敗給劉邦的原因。

想一想

你同意司馬遷對項羽的評價嗎？
為什麼？

重點大事

公元前 206 年

秦朝滅亡,項羽殺子嬰,自稱西楚霸王;劉邦從漢中出兵,楚漢戰爭開始。

公元前 204 年

楚漢雙方在滎陽對峙。

公元前 202 年

項羽在垓下之戰中被劉邦擊敗,於烏江自刎身亡。

公元前 203 年

劉邦與項羽議和,以鴻溝為界,立下楚河漢界。

公元前 205 年
項羽在彭城之戰中獲勝，
漢軍元氣大傷。

遠古時代
夏 （公元前 2070 年至公元前 1600 年）
商 （公元前 1600 年至公元前 1046 年）
西周 （公元前 1046 年至公元前 771 年）
春秋 （公元前 770 年至公元前 403 年）
戰國 （公元前 403 年至公元前 221 年）
秦 （公元前 221 年至公元前 206 年）
漢 （公元前 206 年至公元 220 年）
三國 （公元 220 年至 280 年）
西晉 （公元 266 年至 316 年）
東晉 （公元 317 年至 420 年）
南北朝 （公元 420 年至 581 年）
隋 （公元 581 年至 618 年）
唐 （公元 618 年至 907 年）
五代十國 （公元 907 年至 960 年）
北宋 （公元 960 年至 1127 年）
南宋 （公元 1127 年至 1279 年）
元 （公元 1279 年至 1368 年）
明 （公元 1368 年至 1644 年）
清 （公元 1644 年至 1912 年）

中國歷史大冒險 ⑤

楚漢相爭

作　　者：方舒眉
繪　　圖：馬星原
責任編輯：陳志倩
美術設計：陳雅琳
出　　版：新雅文化事業有限公司
　　　　　香港英皇道 499 號北角工業大廈 18 樓
　　　　　電話：（852）2138 7998
　　　　　傳真：（852）2597 4003
　　　　　網址：http://www.sunya.com.hk
　　　　　電郵：marketing@sunya.com.hk
發　　行：香港聯合書刊物流有限公司
　　　　　香港荃灣德士古道220-248號荃灣工業中心16樓
　　　　　電話：（852）2150 2100
　　　　　傳真：（852）2407 3062
　　　　　電郵：info@suplogistics.com.hk
印　　刷：Elite Company
　　　　　香港黃竹坑業發街 2 號志聯興工業大樓 15 樓 A 室
版　　次：二〇一九年七月初版
　　　　　二〇二〇年十二月第二次印刷

ISBN: 978-962-08-7336-2
©2019 Sun Ya Publications (HK) Ltd.
18/F, North Point Industrial Building, 499 King's Road, Hong Kong
Published and printed in Hong Kong